AF316314

(Conservez la couverture.)

DE L'ENSEIGNEMENT

DES

LANGUES VIVANTES

DANS LES LYCÉES ET COLLÈGES

ESSAI D'ORIENTATION PÉDAGOGIQUE

basé sur l'histoire et l'expérience

PAR

A. PINLOCHE

PROFESSEUR HONORAIRE DE L'UNIVERSITÉ DE LILLE
PROFESSEUR AU LYCÉE CHARLEMAGNE
MAÎTRE DE CONFÉRENCE A L'ÉCOLE POLYTECHNIQUE

Toutes les langues se parlent à peu près
par une seule et même méthode ; cette
méthode, c'est la pratique, complétée par
des explications. (Comparetti,
Edmund.)

PARIS
BELIN FRÈRES, ÉDITEURS

ENSEIGNEMENT DES LANGUES VIVANTES

ESSAI D'ORIENTATION PÉDAGOGIQUE

basé sur l'histoire et l'expérience

> « Toutes les langues peuvent s'apprendre par une seule et même méthode : cette méthode, c'est la *pratique, complétée par des règles faciles à comprendre.* » COMÉNIUS.

Dans les moments critiques, tels que ceux où se posent les grandes questions intéressant la vie sociale, il arrive parfois qu'au plus fort de la lutte qui nous agite, et à laquelle nous ne pouvons pas toujours nous dérober, la vision de la vérité nous échappe par instants, au point de nous faire concevoir des doutes sur l'existence même des choses les plus palpables, et par là de nous décourager. Alors il n'y a plus qu'un moyen de salut : c'est de nous abstraire un moment de la réalité présente qui nous étreint et nous obsède, et de quitter cette atmosphère nuageuse et troublante pour nous élever dans les régions sereines de l'histoire, où la vérité brille dans tout son éclat.

Les questions d'enseignement secondaire, et en particulier la question des langues vivantes, ayant donné lieu depuis quelque temps à des querelles de doctrine de plus en plus confuses et par conséquent de nature à jeter de plus en plus le trouble dans les esprits, il nous a paru utile de fouiller le passé pour y chercher la direction que nous demandons en vain au présent.

Etablissons d'abord le point de vue qui nous a guidé dans cette exploration rétrospective, et qui est déduit du but même qu'on se propose de nos jours dans l'enseignement des langues vivantes. Puis nous rechercherons, toujours en nous inspirant des enseignements du passé, quels sont les voies et moyens les plus propres à atteindre ce but.

BUT DE L'ÉTUDE DES LANGUES

Savoir une langue, au sens moderne, c'est être en état à la fois de la comprendre et de la pratiquer, *parlée* ou *écrite*.

Il semble impossible que tout le monde ne soit pas d'accord sur ce point.

VOIES ET MOYENS

I

Historique.

LES ANCIENS HUMANISTES. — LES MÉTHODES GRAMMATICALES. COMÉNIUS. — BASEDOW. — PESTALOZZI.

La question des voies et moyens propres à atteindre le but est plus compliquée. De tout temps, et surtout depuis la Renaissance, elle a préoccupé les esprits des plus grands pédagogues. Il serait donc au moins présomptueux, et en tout cas imprudent, de s'arrêter à une solution quelconque avant de nous être instruits de celles qu'ils ont proposées et surtout expérimentées.

Les anciens humanistes. — Pendant des siècles, on ne connut pas d'autre méthode que celle des anciens humanistes, basée exclusivement sur la grammaire et sur la traduction réciproque, c'est-à-dire sur le *thème* et la *version*. Mais les humanistes, on l'a trop oublié, complétaient ces procédés par un exercice éminemment propre à donner une connaissance parfaite de la langue : c'est l'antique exercice de la *retraduction*, qui consistait à reconstituer dans la langue originale un texte d'abord soigneusement traduit en *version*. Tels furent, pendant des siècles, les moyens bien simples dont on se contenta pour l'étude des langues mortes, et nous savons par d'illustres témoignages que l'on arrivait ainsi à les posséder avec une perfection souvent égale à celle des anciens.

Les méthodes grammaticales. — Frappés de l'excellence éprouvée de tels procédés, ceux qui eurent à enseigner les langues vivantes songèrent tout naturellement à les imiter. Malheureusement, ils ne virent pas qu'une langue vivante doit être aussi apprise pour être parlée et entendue, et ils aggravèrent leur erreur en substituant l'étude des *lois* à celle des *faits*, celle du squelette à celle du corps : tel un artiste qui ne verrait dans un modèle que le dessin anatomique. La *grammaire*, qui n'est et ne doit être qu'une conclusion, un contrôle, un index systématique, devint une science *a priori*, à l'aide de laquelle on s'ingénia à reconstituer tant bien que mal la langue qu'on se proposait d'étudier. On enseigna cette science comme les mathématiques, pour elle-même, sans avoir, pour en compenser la sécheresse, le prestige de l'absolu et la beauté des vérités éternelles. Quant à la langue même, elle fut réduite à l'humble rôle de servante, bonne tout au plus à démontrer l'application des théorèmes grammaticaux découverts et numérotés par de doctes pédants. Ainsi s'établit le règne trop long du *thème pour le thème*, du *thème fait à coups de dictionnaire*, l'exercice le plus fastidieux qui existe, et certainement l'un des plus rebutants pour les élèves, et j'ose le dire, aussi pour les professeurs.

Cela se passait encore ainsi il n'y a pas bien longtemps dans nos écoles, près de trois siècles après la découverte des méthodes expérimentales. Cependant, maints esprits clairvoyants avaient protesté depuis longtemps contre cette aberration des méthodes scolastiques.

Coménius. — Le premier en date et en importance est l'illustre Coménius (1592-1671), auquel se rattachent plus ou moins toutes les méthodes dites *nouvelles* depuis bientôt trois siècles. Il n'est pas inutile de rappeler brièvement sur quels principes le grand pédagogue moravien établit sa méthode des langues. Nous les trouvons très nettement exposés dans sa *Didactica magna*, aux chapitres XXI et XXII, dont voici les passages essentiels :

« L'étude des *langues* doit être conduite parallèlement avec celle des *choses*, surtout dans l'enfance : c'est-à-dire de manière à ce que nous apprenions autant les *choses* que les *discours*, et que nous acquérions l'intelligence des *mots* en même temps que *l'expression*, car nous devons former des hommes et non des perroquets[1].

« Il résulte de là que les *mots* ne doivent pas être appris séparément des *choses*, car les choses n'existent pas et ne peuvent se représenter à l'esprit sans les *mots*.

« *Chaque langue doit être apprise par la pratique plutôt que par les règles :* c'est-à-dire par des exercices répétés, qui consistent à entendre, à lire, à relire, à copier, à imiter par écrit et oralement[2].

« *Néanmoins les règles sont nécessaires pour soutenir et affermir la pratique*[3] *:* car il importe que les formes proposées à l'imitation soient aussi parfaites que possible[4] ; et cela est vrai, non seulement pour les langues anciennes, mais aussi pour les langues vivantes.

« Ces règles doivent être purement grammaticales et non philosophiques.

« *Elles doivent avoir pour point de départ la connaissance de la langue déjà connue*, et se borner à indiquer les différences qui existent entre cette langue et la nouvelle[5].

« *Les premiers exercices dans la langue nouvelle doivent porter sur des objets déjà connus :* ceci, afin de ne pas être obligé de fixer l'attention de l'esprit à la fois sur des *choses* et sur des *mots*, ce qui ne peut que la disperser et l'affaiblir,

---

1. Linguarum studium parallele cum rebus procedere debet, præsertim in juventute : ut nempe quantum rerum tantum et sermonis discamus, tum intelligere tum exprimere. Homines enim formamus, non psittacos. (XXII, § 3.)

2. *Omnis lingua usu potius discatur, quam præceptis.* Id est audiendo, legendo, relegendo, transcribendo, imitationem manu et lingua tentando, quam creberrime (*Ibid.*, § 11).

3. *Præcepta tamen usum juvent, et firment, etc.* (*Ibid.*, § 12).

4. Formæ agendorum sint quam perfectissimæ (XXI, § 11).

5. *Scribendorum linguæ novæ præceptorum norma sit lingua prius nota, ut differentia tantummodo illius ab hac ostendatur* (XXII, § 14).

mais de la diriger seulement sur les *mots*, pour se les approprier plus vite et plus facilement [1].

« *Toutes les langues peuvent donc s'apprendre par une seule et même méthode : cette méthode, c'est la pratique, complétée par des règles faciles à comprendre*, qui doivent se borner à indiquer les différences avec la langue connue, et par des exercices sur des sujets connus [2]. »

C'est conformément à ces principes que Coménius publia sa *Janua linguarum* et son *Orbis pictus*, qui eurent une vogue universelle, et qui marquent incontestablement un progrès immense dans la pédagogie des langues vivantes. Malheureusement, il eut le tort de ne se servir que des images pour représenter les objets, et c'est là, on le sait, le point faible de sa méthode [3].

Basedow. — A la fin du dix-huitième siècle, Basedow reprit l'idée fondamentale de Coménius et, sous un nouveau nom : *Méthode parlante et sensible*, la mit en pratique dans son fameux Philanthropinum, où les élèves étaient tenus de ne parler que latin et français. Mais Basedow eut le tort de négliger le correctif prudemment recommandé par son prédécesseur, c'est-à-dire ces règles jugées par lui nécessaires pour *soutenir et affermir la pratique*. Au Philanthropinum, on ne faisait pas de grammaire ; aussi, les résultats furent-ils tels qu'on pouvait les prévoir, c'est-à-dire pitoyables, et d'autant plus décourageants que l'on avait fait plus de bruit autour de la fameuse *nouvelle méthode !* De l'aveu même des amis du Philanthropinum, les élèves qui mangeaient et s'amusaient quotidiennement en

---

1. *Exercitia prima linguæ novæ sint circa materiam prius notam.* Ne scilicet mentem necesse sit intendi in res et verba simul, eoque modo distrahi et debilitari ; sed tantum in verba, ad facilius et celerius ea subigendum (*Ibid.*, § 15).

2. *Omnes igitur linguæ una eademque methodo disci possunt.* Nempe usu, adjunctis præceptis facillimis, differentiam tantum a lingua prius nota ostendentibus : et exercitiis circa materias notas, etc. (*Ibid.*, § 16).

3. Voir sur les résultats de l'enseignement par les images l'expérience faite à Francfort et relatée par M. Wohlfeil. (*Enseignement secondaire* du 15 mars 1901, page 96.)

latin et en français, finirent par ne savoir ni le latin, ni le français.

Pestalozzi. — Le rénovateur de l'éducation moderne, le grand apôtre de la méthode *intuitive*, Pestalozzi, réussit-il davantage? Pas le moins du monde. Et pourtant, personne plus que lui n'était convaincu de la nécessité de réagir contre les anciens errements, et de mettre la vie là où ne régnait que la mort. Cependant, il échoua dans son enseignement des langues vivantes, comme il avait échoué dans d'autres enseignements, notamment dans celui de l'histoire et de la géographie. « *L'enseignement des langues est absolument mauvais* »[1], écrivait en 1810 un de ses disciples, Ksionzek, envoyé par le gouvernement prussien, pour étudier à Yverdon la nouvelle pédagogie. Pourquoi le maître des maîtres échoua-t-il? Encore une fois, parce que son enseignement était resté trop exclusivement empirique et mécanique, et qu'il avait trop cru à la toute-puissance de la méthode des gouvernantes.

Ce n'est, en effet, que beaucoup plus tard, au déclin de sa vie, que Pestalozzi, revenu de son erreur, exprima d'une façon précise son opinion sur l'enseignement des langues vivantes, dans plusieurs passages de son *Chant du Cygne*, infiniment plus probants que les tirades vagues et métaphoriques citées par les apôtres de la méthode directe en Allemagne[2], et dans lesquelles il ne fait d'ailleurs que répéter, comme partout dans ses ouvrages, qu'il faut suivre et imiter la nature. Voici d'abord le passage caractéristique où il a exprimé sa pensée définitive sur l'importante question du rôle de la grammaire :

« La connaissance des règles de grammaire n'est pas autre chose qu'une pierre de touche servant à vérifier si les procédés naturels employés pour *parler* et *entendre parler*

---

1. *Der Sprachunterricht ist durchgängig schlecht.* Lettre du 3 février 1810. (Bruno Gebhardt, Die Einführung der Pestalozzischen Methode in Preussen, Berlin, 1896, p. 47.)
2. Notamment dans la préface du livre de MM. Rossmann et Schmidt.

ont atteint leur but. Ces règles doivent être la fin de l'étude du langage bien ordonnée, et non le commencement.

» Mais depuis longtemps on a eu le tort, dans l'étude des langues, de séparer l'étude du langage parlé de l'étude de la langue proprement dite, dont la partie intellectuelle doit être préparée et facilitée à l'enfant par les procédés mécaniques du langage parlé ordinaire, et de manière à la lui faire pressentir, avant d'être portée par l'étude des règles au degré d'une connaissance précise[1]. »

On ne saurait mieux définir le vrai rôle de la grammaire dans l'étude des langues. Nous verrons tout à l'heure ce que pense Pestalozzi de la méthode directe proprement dite.

II

Application à notre enseignement

Comparaison entre les méthodes anciennes et les nouvelles. — Danger des extrêmes. — Inconvénients des procédés empiriques. — Du lien direct entre les choses et les mots. — Rapport entre la langue maternelle et la langue a apprendre.

Voilà, je pense, assez de faits et d'exemples, sans descendre jusqu'à ceux de nos jours[2], pour nous éclairer sur ce qu'il est bon de faire et sur ce qu'il est prudent d'éviter.

Si l'on compare l'échec des anciennes méthodes à celui des nouvelles, on est bien obligé de reconnaître qu'en somme il est beaucoup moins grave. Savoir une langue vivante comme les humanistes de la Renaissance savaient les langues mortes, c'est-à-dire la savoir lire et écrire correctement et même avec élégance, vaut certes mieux que de ne pas la savoir du tout : car ce n'est pas savoir une langue que d'en posséder seulement les éléments les plus

---

1. *Schwanengesang.*
2. Voir notre article : *La méthode intuitive dans l'enseignement des langues vivantes :* résultat d'une expérience (*Enseignement. secondaire* du 15 mars 1901).

fugitifs, tels que les sons et les formules toutes faites, qu'un rien fera disparaître de la mémoire.

On sent donc que le danger est dans les extrêmes, et que la vérité, comme toujours, est entre les deux. Nous n'avons pas grand mérite à le reconnaître après Coménius : *La pratique soutenue et affermie par les règles*, voilà une formule qui, pour être déjà vieille, n'en est pas moins, à nos yeux, ce qui a encore été dit de plus juste et de plus sensé sur la méthode des langues vivantes, et me paraît pouvoir suffire à résoudre le problème qui nous occupe. C'est pour avoir méconnu ce principe salutaire, ou pour ne pas l'avoir appliqué dans toute sa rigueur, que les disciples plus ou moins avoués du grand précurseur des méthodes intuitives se sont tant de fois égarés.

Le tort principal des procédés purement empiriques est de ne faire appel qu'à la *mémoire* et au *don d'imitation* des enfants. Sans doute ces deux facultés sont précieuses, et on aurait tort de les négliger ; mais nos enfants ne sont-ils donc que des machines ? Pourquoi vouloir bannir systématiquement la *réflexion* et le *jugement*, ces deux facteurs autrement puissants de tout progrès de l'esprit humain ? Pourquoi surtout renoncer au bénéfice de l'acquis déjà considérable que suppose la langue maternelle, et vouloir à toute force ramener l'enfant de nos lycées et collèges à l'époque de sa naissance ? Pestalozzi lui-même s'y oppose, et, après avoir dit excellemment dans son *Chant du Cygne*, qui est son véritable testament pédagogique, que *chaque langue n'est que la récapitulation des notions acquises avec la langue maternelle*, instruit par l'expérience d'un demi-siècle d'efforts et de lutte, et semblant pressentir l'abus qu'on fera de ses principes trop vaguement exprimés, il formule nettement son opinion définitive dans un passage que nous ne saurions trop méditer :

« L'étude de la langue maternelle, comme de toute autre langue, est liée à la connaissance acquise par l'observation directe ou *intuition* (*Anschauung*).

« *Toutefois, pour les langues étrangères, la marche n'a plus besoin d'être aussi lente, car l'enfant se trouve dans des conditions différentes.* D'abord il a des organes déjà formés et exercés, et n'a qu'à s'assimiler la prononciation de quelques nouveaux sons. En second lieu, il a déjà acquis par l'*intuition* des millions de notions qu'il peut exprimer dans sa langue maternelle avec la plus grande précision.

« *L'étude d'une nouvelle langue consiste donc uniquement à transformer les sons dont la signification lui est connue dans la langue maternelle en sons qui ne lui sont pas encore connus* [1]. »

De même, lorsque Coménius nous recommande de ne pas séparer la connaissance des *mots* de celle des *choses*, il se hâte d'ajouter « *que les premiers exercices dans la langue nouvelle doivent porter sur des objets déjà connus, afin* », dit-il, « *de ne pas être obligé de disperser et d'affaiblir l'attention en la dirigeant à la fois sur des choses et des mots, mais de la diriger seulement sur les mots* ». C'est nous donner raison quand nous affirmons qu'il n'est pas besoin de montrer à nos élèves un chat, un chien, un oiseau, etc., pour transmettre à leur intelligence la notion exacte de ces objets, avec leur nom en anglais ou en allemand.

Ce qui est vrai pour les idées concrètes l'est à plus forte raison pour les idées abstraites, infiniment plus importantes. Prenons entre mille un exemple emprunté à la vie quotidienne. Je vais chez un chapelier pour acheter un chapeau. A un moment donné, j'aurai évidemment besoin de lui poser cette question : *Ce chapeau durera-t-il longtemps?* Voilà déjà, à propos de l'objet le plus banal, deux idées abstraites, l'idée de *durée* et l'idée de *futur*, qui pourront m'embarrasser singulièrement si je n'ai pas appris comment elles s'expriment. Or, ce sont là deux idées pourtant bien simples, mais qui ne peuvent pas aisément être acquises par le seul intermédiaire des sens. Peut-être, avec

---

1. *Schwanengesang.*

beaucoup d'ingéniosité, y arriverait-on cependant : je veux bien le croire. J'ai bien vu un jour, en Allemagne, un apôtre convaincu de la méthode directe passer un bon quart d'heure à tâcher de faire comprendre à son auditoire, composé surtout d'Anglais, le mot *mehr* (*plus*). Mais je n'ai jamais pu concevoir qu'il n'eût pas mieux valu leur dire tout simplement : ce mot signifie en anglais *more*, et de passer à autre chose. On pourrait en dire autant de mille autres expressions du langage courant, telles que : *valoir la peine, être question de, convaincre, persuader, douter, se souvenir, s'attendre à, convenir de,* etc., qui n'ont rien à faire avec l'intuition sensible, et qui n'en sont pas moins indispensables dans l'usage quotidien. Je fais appel au souvenir de tous ceux de nos collègues dont l'anglais ou l'allemand n'a pas été la langue maternelle : quelque long qu'ait pu être leur séjour à l'étranger, et si favorables qu'aient pu en être les circonstances, n'ont-ils pas conscience que leur vocabulaire serait bien pauvre s'il se bornait aux mots et aux expressions qu'ils ont pu apprendre *empiriquement* durant ce séjour, ou aux mots désignant les objets perçus par eux *directement?* Que d'innombrables objets dont nous savons les noms, même dans notre langue maternelle, sans les avoir jamais vus ! Et comment concevoir qu'on puisse mettre nos élèves, artificiellement, dans des circonstances plus favorables que celles où nous avons été nous-mêmes ?

III

Des exercices propres à l'étude des langues vivantes.

Ceci m'amène à dire un mot sur la valeur des exercices qui doivent contribuer à l'acquisition d'une langue vivante.

Des exercices de traduction. — Et tout d'abord, comment peut-on prétendre qu'un exercice quelconque puisse être inutile pour l'étude d'une langue vivante? Or, le grand argument des partisans extrêmes des nouvelles méthodes consiste à affirmer que *les exercices de traduction sont plus nuisibles qu'utiles :* d'où cette conclusion qu'il faut les proscrire entièrement.

Si Alcibiade n'avait pas eu un jour l'idée de couper la queue à son chien pour intriguer les passants, les gens d'Athènes ne se seraient pas retournés sur son passage.

Si l'auteur de la fameuse brochure : *Der Sprachunterricht muss umkehren!* n'avait pas jeté dans la mêlée, en 1882, ce mot d'ordre sensationnel : *Plus de traductions!* on n'aurait peut-être pas fait attention aux excellentes choses qu'il a dites par ailleurs; et c'eût été dommage, car, pour n'être pas nouvelles, elles n'en étaient pas moins bonnes à dire, puisqu'on les oubliait.

Mais on nous permettra, avec nombre de ses partisans, de prendre seulement les bonnes choses et de laisser de côté le paradoxe, qui semble bien n'avoir été qu'une ruse de guerre.

Etant donné en effet deux signes, c'est-à-dire ici deux vocables, l'un français et l'autre étranger, pour désigner le même objet, une fois que le rapport du vocable français à l'objet signifié est bien établi, on ne voit pas comment la connaissance du rapport entre le signe français et le signe étranger pourrait, comme on l'affirme sans d'ailleurs le prouver, nuire à la notion *intuitive* de l'objet et du rapport qui existe entre cet objet et son signe représentatif étranger. Il faudrait nous démontrer que la notion du rapport entre deux signes désignant le même objet affaiblit la notion du rapport de l'un des deux signes à la chose signifiée. Tant que cette démonstration n'aura pas été faite, — et elle reste tout entière à faire, — on nous permettra de croire au contraire, avec Coménius, Pestalozzi et bien d'autres, que la notion *intuitive* du rapport d'un objet au vocable

qui le désigne dans une langue étrangère ne peut que ga-
gner, en rapidité et en solidité, à s'appuyer sur la notion
du rapport déjà existant entre le même objet et le vocable
qui le désigne dans la langue maternelle.

D'ailleurs, le voulût-on, qu'on ne pourrait supprimer
l'exercice de la traduction. C'est un acte d'intelligence tout
instinctif, — et d'autant plus impérieux que l'élève est
plus intelligent, — que celui qui consiste à comparer l'expression d'une idée dans une langue étrangère avec celle
qu'on est habitué à employer pour la même idée dans sa
langue maternelle. Vouloir supprimer ce travail qui se fait
malgré nous, c'est méconnaître le fonctionnement même
d'une des activités les plus précieuses de notre esprit, et se
priver d'un auxiliaire puissant. Mais puisque ce travail se
fait quand même, que nous le voulions ou non, ne vaut-il
pas mieux encore, ce me semble, le diriger et le contrôler
que de le laisser faire tout seul par l'élève? L'abus qu'on a
pu faire d'une chose n'est pas une raison suffisante pour la
supprimer.

Cette prétention exagérée suppose encore l'oubli d'un
fait pourtant bien connu, du moins de ceux qui ont manié
pendant de longues années des élèves de tout âge et de
toute force, sans en exclure les adultes : c'est que la meil-
leure preuve qu'on a vraiment compris un texte étranger
consiste à le rendre en français, et qu'on n'a encore rien
trouvé pour remplacer cette preuve dans les examens.
Comment admettre, devant un fait aussi irréfutable, que
les exercices de traduction soient inutiles? Je ne parle que
pour mémoire du profit incontestable qu'on retire malgré
soi, au point de vue même de l'étude de la langue étrangère, de la longue méditation d'une forme dont la traduction a été difficile et laborieuse.

Mais le *thème*, dira-t-on?
J'ai dit plus haut ce que je pensais du *thème pour le
thème :* je ne suis donc pas suspect de tendresse envers cet

exercice. Cependant j'affirme que le *thème* doit être maintenu, non tant comme moyen d'étude proprement dit que comme moyen de contrôle des connaissances acquises directement dans la langue et par la langue.

« *Qu'on m'amène un littérateur,* » disait Diderot, « *et sur-le-champ je devinerai s'il a appris le latin par la version seule ou par le thème et la version* [1]. »

C'est que Diderot était profondément convaincu de la nécessité du double travail de traduction pour arriver à bien posséder une langue : qu'elle soit vivante ou morte, ce qui est vrai pour l'une l'est ici pour l'autre. Il nous a d'ailleurs tracé le plan d'une méthode qui n'est autre que celle des anciens humanistes, et que voici textuellement :

1° « *Traduire les bons auteurs, ou faire la version.*

2° « *Composer ou faire le thème d'après les bons auteurs. Je m'explique : prendre une page traduite d'un bon auteur; rendre cette page traduite dans la langue de l'auteur et comparer sa traduction avec le texte original. C'est ainsi qu'on apprend les mots, la syntaxe, et qu'on saisit l'esprit d'une langue, qui s'établit dans la mémoire par la lecture et l'écriture.*

3° « *Composer et traduire sur toutes sortes de matières et d'après tous les auteurs, sans quoi la connaissance de là langue restera toujours imparfaite... Rien de plus commun que de posséder tous les mots propres à la guerre, à l'histoire et à la morale, et d'ignorer le nom d'une fleur, d'une plante potagère et d'un ustensile domestique* [2]... »

Pour ne s'appliquer qu'à l'étude des langues mortes, ces préceptes ne nous paraissent pas moins d'une grande valeur de la part d'un homme qui avait au plus haut degré, en pédagogie comme ailleurs, le sentiment des nécessités présentes, et qui écrivait, entre autres, ces lignes : « *En général, dans l'établissement des écoles, on a donné trop*

---

1. *Essai sur les études en Russie.*
2. *Plan d'une Université.*

*d'importance et d'espace à l'étude des mots, il faut lui
substituer aujourd'hui l'étude des choses*[1]. »

On oublie trop en effet qu'une langue est, suivant la
belle définition de Gœthe, « *un pays immense d'idées de-
venues visibles* », c'est-à-dire tout un monde de formes qu'il
s'agit d'abord d'observer pour les imiter si l'on veut exprimer les idées qu'elles représentent, et qu'il est aussi
imprudent de laisser au hasard le soin de fournir l'occa-
sion de les imiter, que de vouloir s'aventurer dans un pays
inconnu sans être muni d'une carte. Sans doute la *rédaction libre* permet d'employer telles ou telles de ces formes,
mais en nombre forcément restreint, et en tout cas infiniment moins grand que le *thème;* la *conversation* encore
moins, car nos élèves, qui ont trop peur du ridicule,
finissent par parler par monosyllabes ou se contentent de
répondre par *oui* ou par *non*, comme je l'ai constaté cent
fois chez les meilleurs et les plus intelligents.

Le *thème* idéal ne sera donc ni le thème composé uniquement-
ment en vue de l'application d'une règle, — bien que celui-
là soit encore utile de temps en temps pour l'assimilation
mécanique de certaines formes telles que les verbes, etc.,
— ni le thème littéraire donné au hasard et toujours trop
difficile, — ni même le thème ordinaire d'imitation, qui
devient un exercice mécanique trop facile et par conséquent sans grande utilité : mais ce devrait être, quatre fois
sur cinq, un thème strictement adapté aux notions anté-
rieurement acquises par l'étude attentive des auteurs, et
obligeant les élèves à retrouver, pour des pensées données
qu'ils peuvent avoir besoin d'exprimer à chaque instant,
l'expression adéquate, celle qu'ils connaissent pour l'avoir
déjà vue employée dans la langue elle-même, — en d'autres
terme un *exercice de composition soumise à certaines conditions*, nécessitant un travail original de la pensée, plutôt
qu'un exercice de *traduction* au sens étroit du mot.

---

1. *Plan d'une Université.*

De la rédaction libre. — Quiconque a étudié un peu sérieusement une langue étrangère, sait par sa propre expérience que la *rédaction libre* est de tous les exercices le plus facile, parce qu'on ne s'y sert que des formes que l'on connaît, et que pour la plupart des élèves, qu'on le veuille ou non, ce n'est qu'un thème déguisé, donc encore plus factice que le thème proprement dit : c'est donc un exercice utile sans doute, surtout si l'on a affaire à des groupes d'élèves très peu nombreux, mais sur lequel on ne peut faire grand fond. Aussi les bons professeurs ont-ils toujours cherché à le combiner avec le thème d'imitation ou de narration.

De la conversation. — Là encore règnent dans le public des illusions qu'il serait bon de dissiper. On s'imagine volontiers que rien n'est plus aisé que *de causer* en classe, avec trente ou quarante élèves. Où a-t-on vu que, même dans la langue maternelle et entre adultes, une conversation fût possible sans dégénérer en tumulte, en dehors d'un groupe de personnes très restreint? Et de quoi parler à tant d'élèves dont on ne connaît ni la famille ni rien à peu près de ce qui les concerne individuellement? Et ce qui touche l'un d'eux intéressera-t-il toujours les autres? On en sera donc réduit, au bout de très peu de temps, aux lieux communs dont la banalité les aura bien vite rebutés. Un élève de rhétorique me disait récemment que depuis dix ans on lui demandait en allemand où et en quelle année il était né! Il n'en savait pas mieux l'allemand pour cela.

L'exercice de conversation le plus utile et le plus indiqué dans nos classes moyennes et supérieures est donc celui qu'on tire de morceaux bien choisis, soigneusement lus et expliqués *jusqu'à parfaite intelligence du texte :* car il importe que les élèves ne récitent pas, et comprennent ce qu'ils disent : *Homines enim formamus, non psittacos!*

De l'étude du vocabulaire. — On n'en est plus aujourd'hui à démontrer que les mots ne se retiennent bien que dans leur association naturelle, c'est-à-dire dans l'association de la phrase, qui seule leur donne la vie. La pratique constante et la lecture assidue sont donc encore les meilleurs moyens de les apprendre tout d'abord. Cependant, pour les retenir et pouvoir les retrouver aisément, il est indispensable de les revoir sans cesse, groupés autant que possible d'après un ordre logique. Mais quel sera cet ordre? Le classement des mots, d'après les groupes que forment ordinairement les objets dans l'espace et les qualités ou actions relatives à ces objets, rend certainement des services, surtout au début, pour les termes les plus usuels : malheureusement il est arbitraire, ces groupes étant purement accidentels ; et le lien factice qui relie ces éléments du vocabulaire explique pourquoi l'esprit les retient si difficilement. On peut et on doit compléter ce procédé, chaque fois que c'est possible, par l'étude étymologique, qui est éminemment fructueuse lorsqu'il s'agit de l'allemand en particulier, la langue étymologique par excellence. Personne ne contestera qu'il existe entre la racine *Ohr* (oreille), par exemple, et ses dérivés : *hören* (entendre), *Gehör* (ouïe), *anhören*, *zuhören* (écouter), *verhören* (faire subir un interrogatoire), *horchen* (prêter l'oreille), etc., un lien plus naturel et plus sensible qu'entre le mot *Ohr* (oreille) et les noms des autres parties du corps, tels que : *Kopf* (tête), *Auge* (œil), etc., qui facilite singulièrement l'intelligence et l'acquisition de toute cette famille de mots. Si l'on songe qu'il y a tout au plus 2 000 racines dans la langue allemande, et que les dérivés les plus usités peuvent se grouper autour de 600 de ces racines, on voit avec quelle rapidité et quelle sûreté la partie de beaucoup la plus importante du vocabulaire peut s'acquérir par l'étude de ces familles étymologiques. On s'est beaucoup moqué, — c'était facile, — du fameux *Jardin des racines grecques* de Lancelot; cependant je ne rougis pas d'avouer pour mon compte que, malgré des années de lecture et de pratique quotidienne de la langue usuelle, je ne me suis vraiment senti maître du vocabulaire allemand que le jour où je me fus donné la peine d'en apprendre par cœur toutes les racines dans un recueil analogue qui n'existe plus. Certes je ne voudrais pas me faire lapider en proposant aujourd'hui pour nos élèves, si doucement protégés contre les aspérités de la route, un moyen aussi barbare : mais je crois pouvoir affirmer que l'étude étymologique des mots, dans les classes supérieures, est un procédé dont on ne saurait se dispenser pour fixer d'une façon solide et définitive dans la mémoire le vocabulaire acquis au cours des autres exercices et toujours prêt à s'échapper.

CONCLUSION

Principes généraux d'une pédagogie des langues vivantes. Conditions matérielles indispensables.

Il résulte de tout ce qui précède qu'aucun exercice n'est à dédaigner ; et, s'il y a lieu de respecter la liberté du professeur quant au choix des procédés par lesquels il pense pouvoir le mieux intéresser ses élèves surtout au début, je crois que ce serait gravement compromettre l'avenir de l'enseignement des langues vivantes que de ne pas exiger, avec l'unité de but, l'application simultanée de tous les exercices *oraux* et *écrits*, et leur convergence vers ce but commun.

Aussi me semble-t-il qu'en s'inspirant d'une part des conseils et des expériences des grands éducateurs qui nous ont frayé la voie, et d'autre part des nécessités du temps présent, on pourrait, sans demander à aucun maître le sacrifice de ses préférences personnelles pour tel ou tel ordre de procédés, orienter la pédagogie des langues vivantes d'après les principes généraux suivants :

I

Toute langue vivante doit être traitée, au point de vue de l'enseignement, comme un objet d'imitation à la fois

*écrite et parlée. Cette imitation ne doit pas être seulement
mécanique, mais encore autant que possible intelligente et
raisonnée.*

II

*En conséquence, tout enseignement qui voudra donner des
résultats à la fois pratiques et solides, devra non seulement
faire appel à la mémoire et au don d'imitation des enfants,
mais encore se garder de négliger, surtout à mesure que
l'enfant avance en âge, aucun des procédés et exercices qui
mettent en jeu ses facultés supérieures, notamment l'intelligence et la volonté, et nécessitent de sa part l'effort et la
réflexion.*

III

*La connaissance d'une langue reposant sur des faits
plutôt que sur des théories abstraites, le point de départ tout
naturel de l'étude qui y conduit sera donc toujours le do-
maine des faits, c'est-à-dire la langue même.*

IV

*L'étude de la grammaire sera ainsi réduite à la mesure
où la connaissance des lois est utile pour éclairer les faits,
et en rendre la notion aussi claire et aussi solide que possible. Elle ne devra donc, dans aucun cas, constituer un
enseignement a priori.*

Voilà, ce me semble, un terrain solide sur lequel tous
les hommes de bonne volonté peuvent se mettre d'accord.

Toutefois il faut bien dire, pour prévenir tout mécompte,
qu'aucune réforme, si bien conçue qu'elle soit, n'aura de
chances d'aboutir si elle ne réalise pas encore certaines conditions matérielles plus indispensables à l'enseignement
des langues vivantes qu'à tout autre. Ces conditions matérielles, je l'ai déjà dit, se résument en un point capital : la
constitution des groupes d'élèves, qui doivent être :

1° Peu nombreux ;

2° Aussi homogènes que possible.

Aucun enseignement, en effet, ne réclame plus l'action répétée du professeur *sur chaque élève pris séparément*, surtout dans les premières années, que l'enseignement des langues vivantes, s'il doit être à la fois *pratique* et *solide*. Les exercices collectifs ont le défaut, ou de faire travailler trop mécaniquement les élèves, comme chez Pestalozzi, si ce sont des exercices pratiques, ou de rester trop généraux et par conséquent trop théoriques, comme autrefois, si ce sont des exercices d'intelligence. Cette nécessité de la collaboration individuelle et successive de l'élève avec le professeur ne pouvant faire de doute pour personne, il en résulte, comme conséquence immédiate et inévitable, que chaque groupe d'élèves ne doit pas dépasser le nombre qu'un professeur actif et plus soucieux des progrès de l'ensemble que du succès des cinq ou six premiers peut raisonnablement interroger un à un pendant la durée d'une classe. L'expérience a démontré que ce nombre ne pouvait dépasser *vingt*, au grand maximum. C'est le chiffre adopté à l'Ecole polytechnique, où les mauvais élèves n'existent pas. Dans certains établissements libres, ce chiffre a même été abaissé à *dix*.

Quant à l'homogénéité des groupes, il n'y a pour l'obtenir qu'un moyen : c'est d'établir une sanction sérieuse non seulement à la fin des études, mais au passage de chaque classe dans la classe supérieure. Les familles qui exigent avec raison que leurs enfants sachent l'anglais ou l'allemand ne pourront trouver mauvais que ceux-ci soient mis dans l'obligation de se tenir d'année en année au niveau de leur classe. Nous ne saurions trop leur répéter, dans leur intérêt, cette vérité de La Palice, qu'on affecte parfois d'oublier : c'est que rien ne saurait dispenser l'élève de travailler, et qu'il n'y a pas de pédagogie au monde capable de lui donner en six mois ce qu'il n'a pu ou voulu acquérir en six années de travail continu.

SAINT-CLOUD. — IMPRIMERIE BELIN FRÈRES.